AF298542

ENCYCLOPÉDIE INDUSTRIELLE

Fondée par M.-C. LECHALAS, Inspecteur général des Ponts et Chaussées en retraite

ARCHITECTURE NAVALE

CONSTRUCTION PRATIQUE

DES

NAVIRES DE GUERRE

PAR

A. CRONEAU

INGÉNIEUR DES CONSTRUCTIONS NAVALES, PROFESSEUR A L'ÉCOLE DU GÉNIE MARITIME

ATLAS

PARIS

GAUTHIER-VILLARS ET FILS, IMPRIMEURS-LIBRAIRES

DU BUREAU DES LONGITUDES, DE L'ÉCOLE POLYTECHNIQUE, ETC., ETC.

55, Quai des Grands-Augustins, 55

1894

ARCHITECTURE NAVALE

CONSTRUCTION PRATIQUE

DES

NAVIRES DE GUERRE

TABLE DES PLANCHES

PLAN DES FORMES.

Projection longitudinale

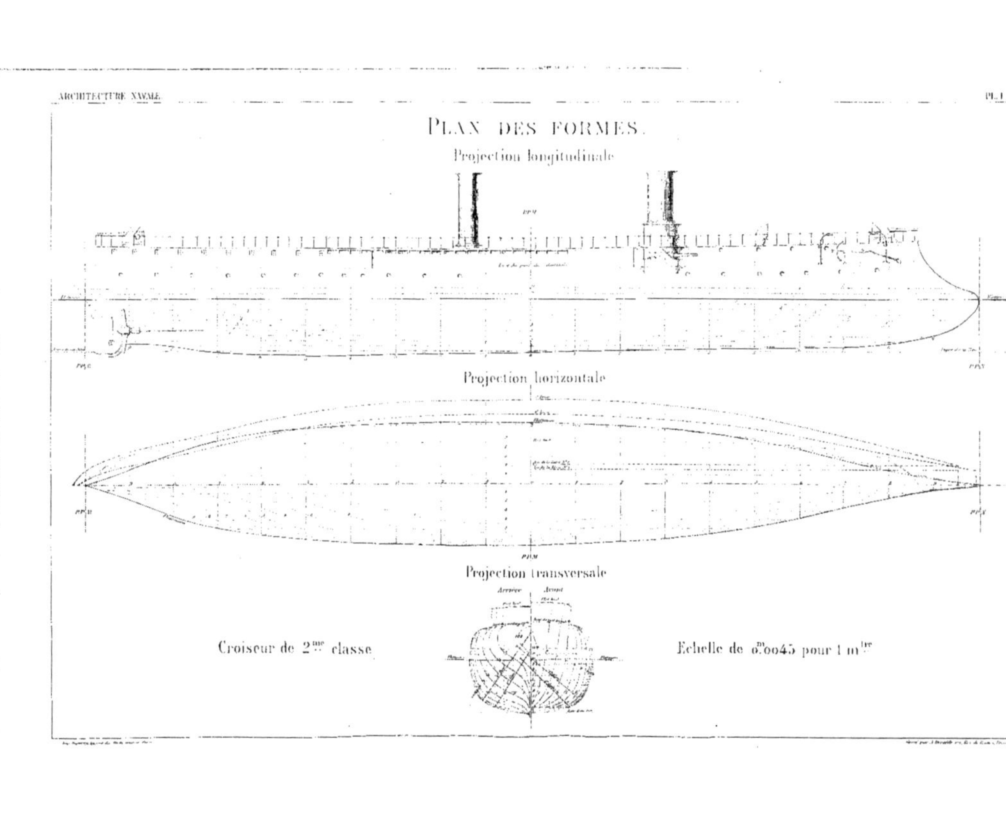

Projection horizontale

Projection transversale

Croiseur de 2ᵐᵉ classe

Echelle de 0ᵐ,0045 pour 1 mᵗʳᵉ

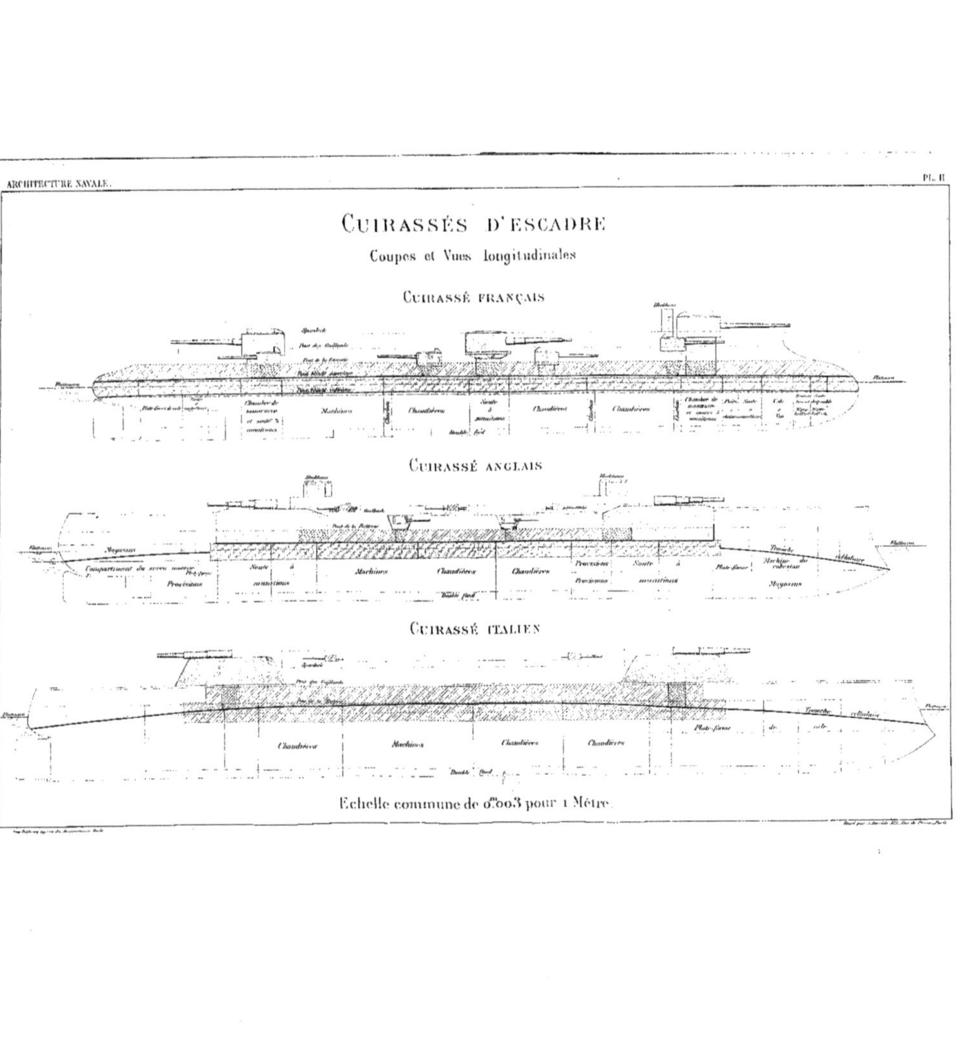
CUIRASSÉS D'ESCADRE
Coupes et Vues longitudinales
CUIRASSÉ FRANÇAIS
CUIRASSÉ ANGLAIS
CUIRASSÉ ITALIEN
Echelle commune de 0m,003 pour 1 Mètre.

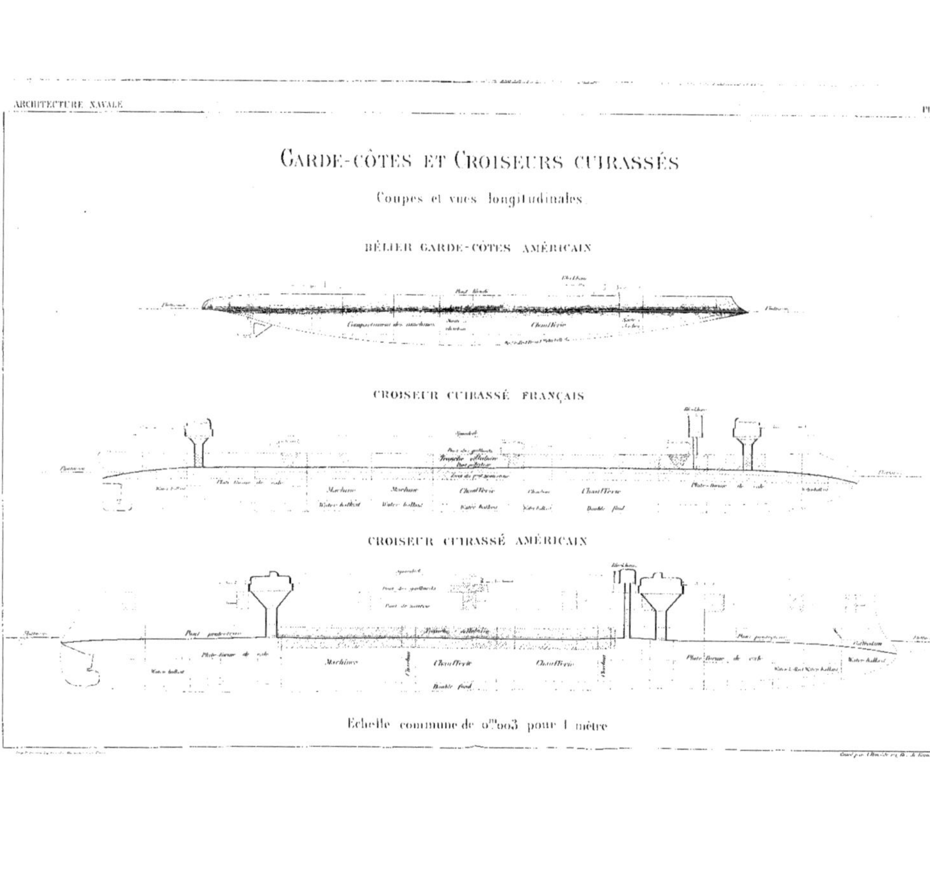
GARDE-CÔTES ET CROISEURS CUIRASSÉS
Coupes et vues longitudinales

BÉLIER GARDE-CÔTES AMÉRICAIN

CROISEUR CUIRASSÉ FRANÇAIS

CROISEUR CUIRASSÉ AMÉRICAIN

Échelle commune de 0m.003 pour 1 mètre

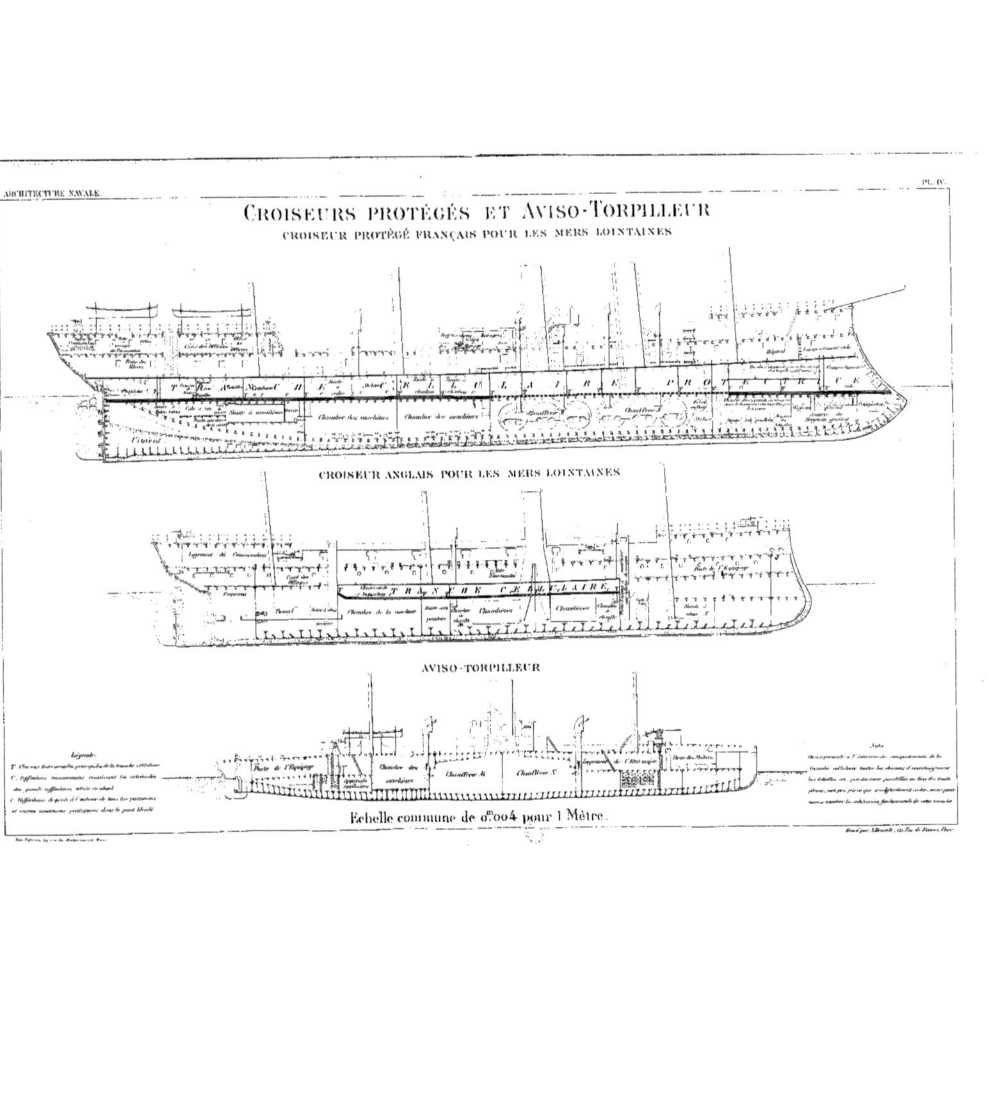
CROISEURS PROTÉGÉS ET AVISO-TORPILLEUR
CROISEUR PROTÉGÉ FRANÇAIS POUR LES MERS LOINTAINES
CROISEUR ANGLAIS POUR LES MERS LOINTAINES
AVISO-TORPILLEUR
Echelle commune de 0.004 pour 1 Mètre.

AVISOS POUR STATIONS LOINTAINES ET TORPILLEUR

AVISO FRANÇAIS

AVISO ANGLAIS

TORPILLEUR

CANONNIÈRES ET PAQUEBOT

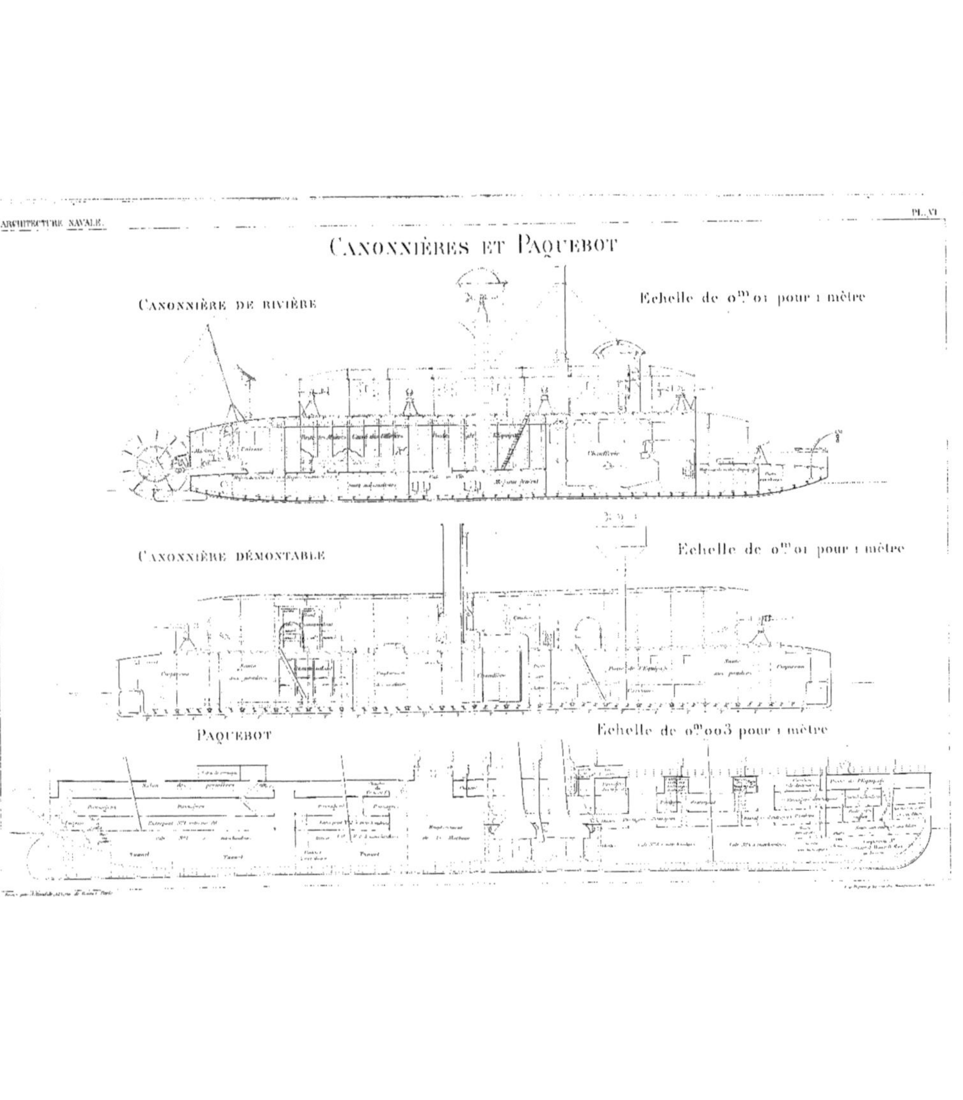

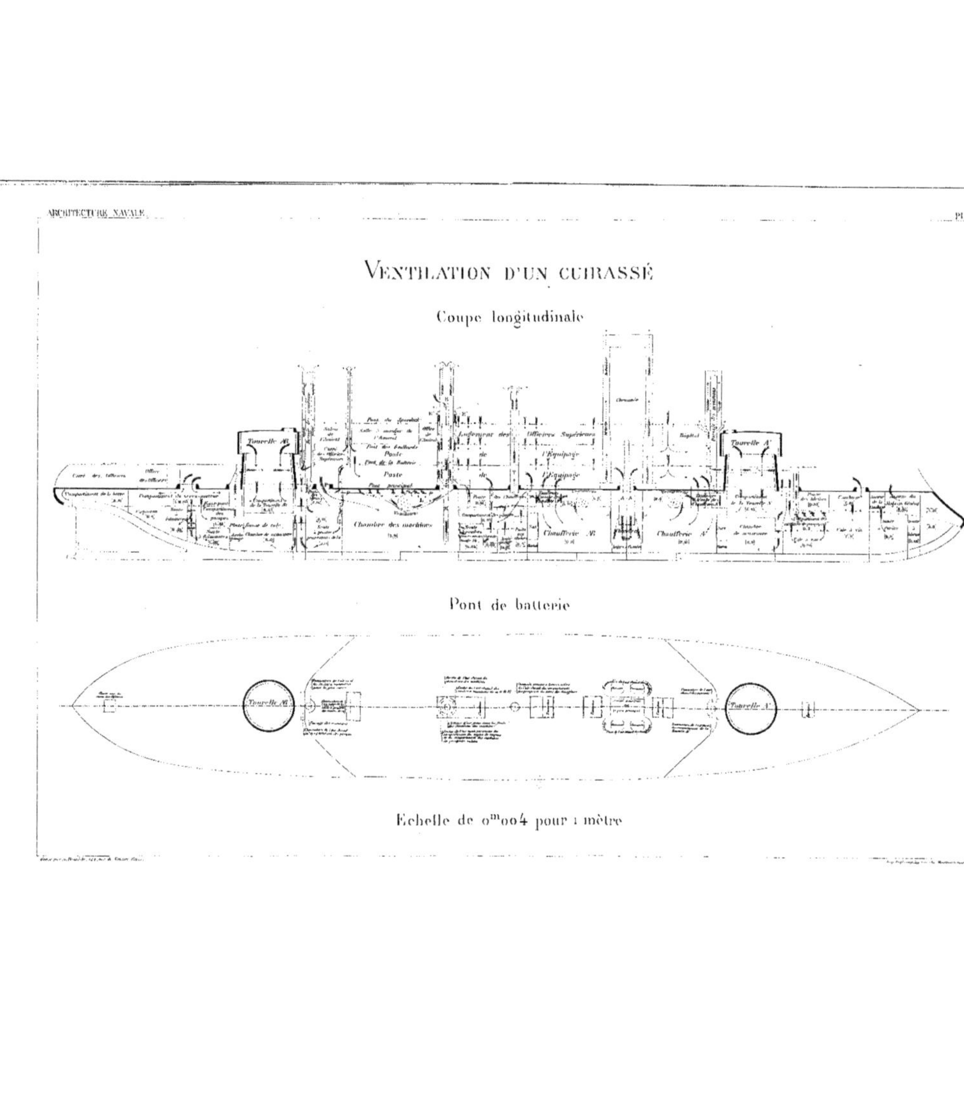

VENTILATION D'UN CUIRASSÉ
Coupe longitudinale
Pont de batterie
Echelle de 0^m004 pour 1 mètre
Tourelle M
Tourelle A
Chambre des machines
Chauffevie
Chaufferie
Carré des officiers

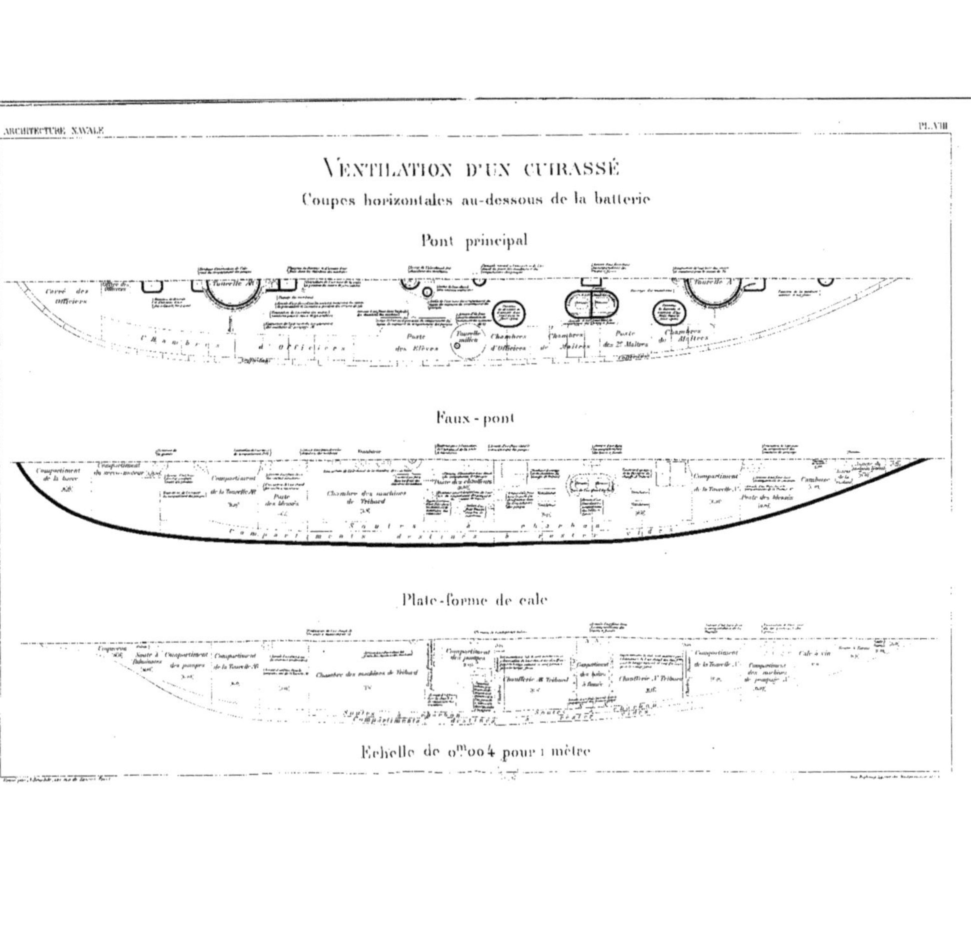

VENTILATION D'UN CUIRASSÉ
Coupes horizontales au-dessous de la batterie
Pont principal
Carré des Officiers
Tourelle N
Chambres d'Officiers
Poste des Élèves
Tourelle milieu
Chambres d'Officiers
Chambres de Maîtres
Poste des 2ᵉˢ Maîtres
Chambres de Maîtres
Tourelle A
Faux-pont
Compartiment de la barre
Compartiment du servo-moteur
Compartiment de la Tourelle N
Poste des blessés
Chambre des machines de Tribord
Compartiment de la Tourelle A
Cambuse
Poste des blessés
Soutes à charbon
Compartiments destinés à rester vides
Plate-forme de cale
Soute à Pétrole
Soute à munitions
Compartiment des pompes
Compartiment de la Tourelle N
Chambre des machines de Tribord
Compartiment de à pompes
Compartiment
Chaufferie de Tribord
Chaufferie N Tribord
Compartiment de la Tourelle N
Café à vin
Compartiment des machines de pompage
Soutes Compartiments destinés
Échelle de 0ᵐ004 pour 1 mètre

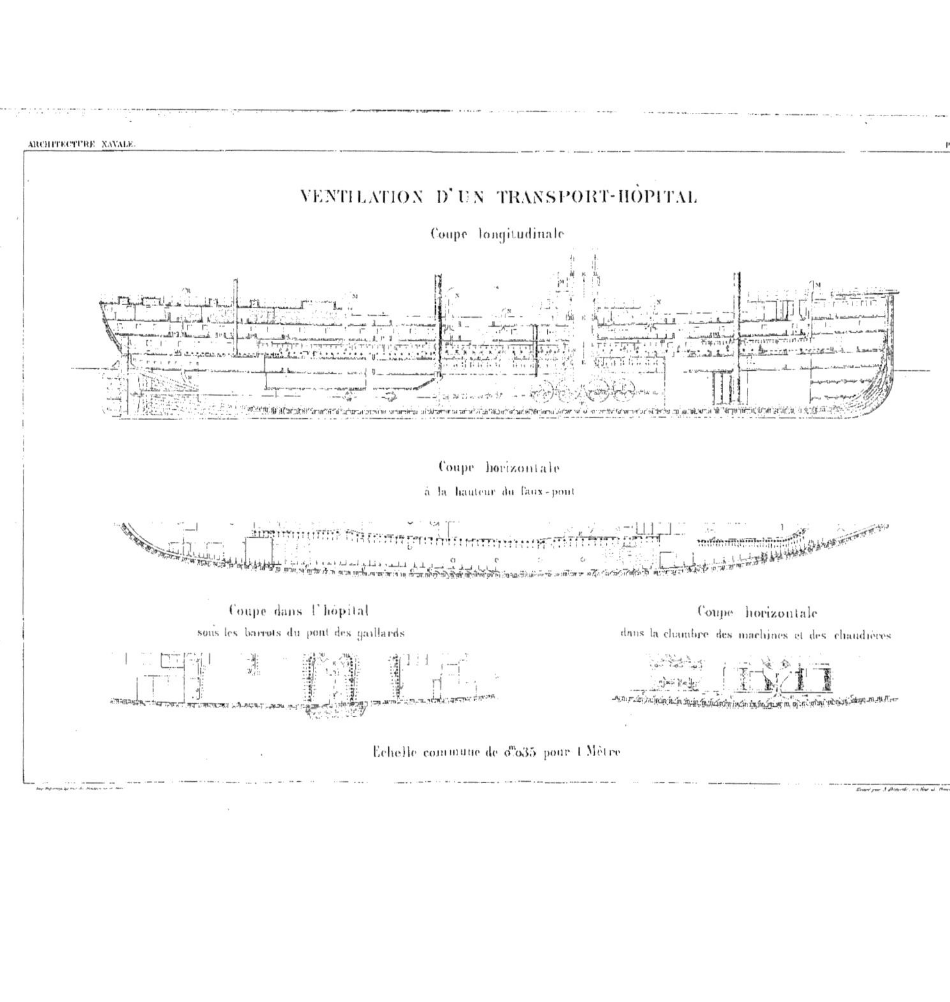

VENTILATION D'UN TRANSPORT-HÔPITAL
Coupe longitudinale
Coupe horizontale
à la hauteur du faux-pont
Coupe dans l'hôpital
sous les barrots du pont des gaillards
Coupe horizontale
dans la chambre des machines et des chaudières
Échelle commune de 0m.035 pour 1 Mètre

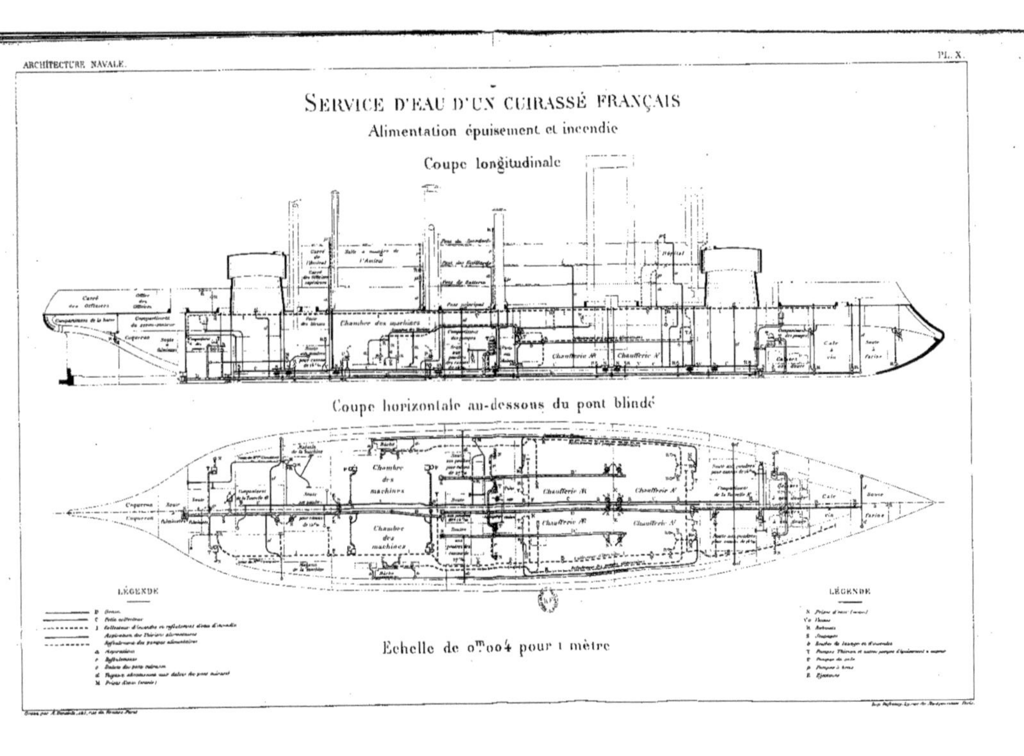

SERVICE D'EAU D'UN CUIRASSÉ FRANÇAIS
Alimentation épuisement et incendie
Coupe longitudinale
Coupe horizontale au-dessous du pont blindé
Échelle de 0m,004 pour 1 mètre
LÉGENDE
LÉGENDE

Service d'eau d'un cuirassé anglais

Alimentation, épuisement et incendie

Coupe longitudinale

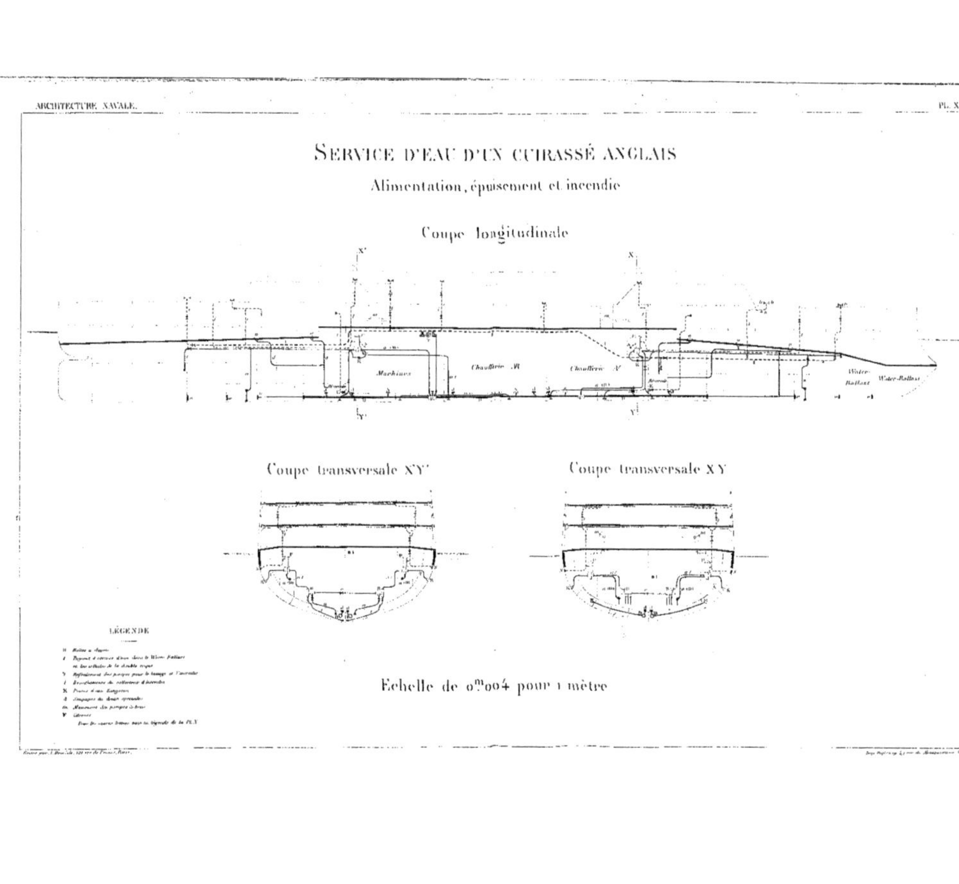

9 782019 975227